Gemeinsamkeiten

🌼 Beide gehören
zur Familie der Hasen.

🌼 Beide haben graubraunes Fell.

🌼 Beide sind Vegetarier.

🌼 Beide sind meistens
abends und nachts unterwegs.

🌼 Beide halten keinen Winterschlaf.

Sachwissen Natur

Liebe Eltern,

jedes Kind ist anders. Eines kennt bereits alle Buchstaben in der Vorschule und kann sie zu Wörtern formen. Ein anderes lernt das Abc beim Eintritt in die Schule. Für das spätere Leseverhalten ist das völlig unerheblich. Wichtig aber ist der Spaß am Lesen – und zwar von Anfang an. Darum orientiert sich die konzeptionelle Entwicklung unserer Lesetexte an den unterschiedlichen Lernentwicklungen der Kinder. Unser Bücherbär-Erstleseprogramm umfasst deshalb verschiedene Reihen für die Vorschule und die ersten beiden Schulklassen. Sie bauen aufeinander auf und holen die Kinder dort ab, wo sie sind.

Die Bücherbär-Reihe *Sachwissen Natur* richtet sich an Leseanfänger ab der 1. Klasse. Die übersichtlichen Texteinheiten und kurzen Zeilen sind ideal zum Lesenlernen. Die spannenden Sachthemen wecken die Lust am Entdecken und Selberlesen.

In Zusammenarbeit mit **westermann**

Friederun Reichenstetter
So leben die Tiere
Das Kaninchen und der Feldhase

Dieses Buch gehört:

_____

MIX
Papier aus verantwor-
tungsvollen Quellen
FSC® C110508

2. Auflage 2019
© Arena Verlag GmbH, Würzburg 2018

Einband und Illustrationen: Hans-Günther Döring
Gesamtherstellung: Westermann Druck Zwickau GmbH
ISBN 978-3-401-71182-9

www.arena-verlag.de

Friederun Reichenstetter

So leben die Tiere

Das Kaninchen und der Feldhase

Mit Bildern von
Hans-Günther Döring

Arena

Inhalt

Wo das Kaninchen lebt

Das Wildkaninchen
lebt an Waldrändern,
in Parkanlagen
oder auch in Wohngebieten.

Ich bin ein Feldhase.
Ich lebe in der freien Natur,
weit entfernt von Menschen.

Wie ein Kaninchenbau entsteht

Für seinen Bau
sucht das Kaninchen
einen passenden Platz.
Dann fängt es an,
mit den Vorderpfoten zu graben.

12

Die Gänge reichen oft
tief unter die Erde.
In den Wohnkesseln
schlafen das Kaninchen
und seine Sippe.

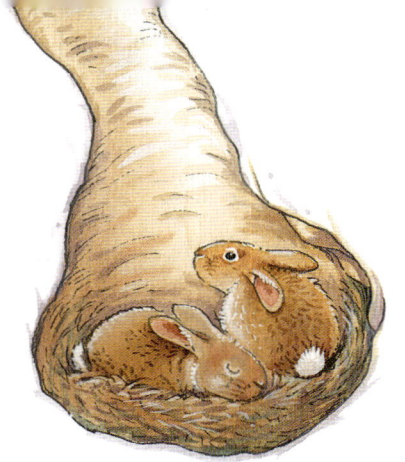

Ich, der Feldhase, schlafe
in einer flachen Erdmulde
unter einer Hecke.

Wie Kaninchen zusammenleben

Kaninchen sind gesellig.

Sie leben in einer Sippe.

Das ist wie eine große Familie.

Jede Sippe hat ihren eigenen Bau.

Die Kaninchen einer Sippe
erkennen sich am Geruch.
Fremde Kaninchen
werden vertrieben.

Als Feldhase
bin ich Einzelgänger.
In meinem Revier
bin ich
am liebsten allein.

Was das Kaninchen frisst

Das Kaninchen verzehrt nur Pflanzen.
Gräser, Kräuter, Knospen, Wurzeln,
frische Triebe und junge Blätter
frisst es am liebsten.

Kräuter

Gräser

Knospen

Wurzeln

Junge Blätter

Im Sommer und im Herbst
stehen auch Beeren und Pilze
auf seinem Speiseplan.

Ich, der Feldhase, fresse täglich
mehr als ein Kilo Grünfutter.
Denn ich brauche viel Kraft,
weil ich weite Strecken zurücklege.

Was das Kaninchen hört, sieht und riecht

Das Kaninchen kann seine Ohren
unabhängig voneinander drehen.
So hört es Geräusche
aus verschiedenen Richtungen.

Mit seiner feinen Nase
wittert es Gerüche aus der Ferne.

18

Seine Augen sitzen seitlich.
Deshalb hat das Kaninchen
einen guten Rundblick.

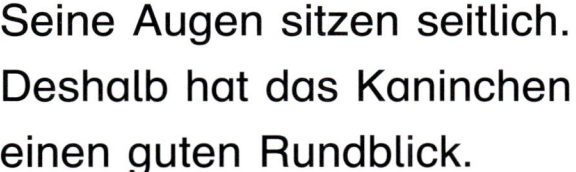

Wir Feldhasen können
noch besser sehen,
hören und riechen
als die Kaninchen.

Ein Partner für das Kaninchen

Oft findet das Kaninchen
einen Partner
in der eigenen Sippe.
Die Weibchen können im Jahr
mehrmals Junge bekommen.

Ist das Weibchen trächtig,
dauert es vier bis fünf Wochen,
bis die Jungen zur Welt kommen.

Ich, die Feldhäsin,
suche mir unterwegs
einen kräftigen Partner aus.
Da gibt es manchen Boxkampf
auch zwischen den Rivalen.

Ein neuer Bau wird gegraben

Erwartet ein Kaninchen Junge,
gräbt es eine neue Höhle.
Die nennt man Setzröhre.
Darin können die Kleinen
in Ruhe aufwachsen.

Diese Setzröhre
polstert das Kaninchen
mit Moos, Gras
und Fellhaaren.

Meine Feldhasenjungen
haben nur eine Erdmulde.
Die lege ich
mit Gras und Blättern aus.

Die Jungen kommen zur Welt

Die neugeborenen Kaninchen
sind sehr klein und fast nackt.
Ihre Augen und Ohren
sind noch geschlossen.
Die Mutter säugt sie.

Verlässt die Mutter die Höhle,
stopft sie den Eingang mit Laub zu.

24

Meine Feldhasenjungen können
sofort sehen, hören und laufen.
Und sie haben Fell.

Ich komme nur nachts zu ihnen
und säuge sie kurz.
Sonst werden Raubtiere
durch meinen Geruch
auf sie aufmerksam.

Die Jungen werden größer

Nach zwei Wochen
können die kleinen Kaninchen
sehen und hören.
Auch das Fell wird dichter.

Bald darauf bekommen sie Zähne.
Dann probieren sie
frisches Gras vor der Höhle.

26

Meine Hasenjungen
verlassen die Erdmulde
schon nach zehn Tagen.
Deshalb werden sie
als Nestflüchter
bezeichnet.

Gefahren für das Kaninchen

Das Kaninchen
muss gut achtgeben.
Denn es ist Beute
für Füchse, Greifvögel,
Hunde und Marder.

Fuchs

Marder

Hund

Gefahren drohen
aber auch von Autos,
Traktoren und Jägern.

Ich, der Feldhase, muss
besonders wachsam sein.
Denn ich habe
keinen Bau zum Verstecken.
Mit meinen kräftigen Hinterbeinen
kann ich aber
blitzschnell flüchten
und die Richtung
ändern.

29

Wie Kaninchen sich verständigen

Entdeckt das Kaninchen
einen Feind in der Nähe,
pfeift es laut.
Oder es trommelt
mit den Hinterläufen.

Dann verschwinden die anderen
in ihren Bau.

Auch ich kann
mich bemerkbar machen.
Wir Feldhasen trommeln
bei Gefahr
mit den Vorderläufen.
Wir können auch
quäken und fauchen.

Das Kaninchen im Herbst und Winter

Im Herbst legt sich das Kaninchen
einen dicken Winterspeck zu.
Denn im Winter findet es
wenig zu fressen.

Unter dem Schnee
gräbt es nach Grünfutter.

Ist der Schnee zu hoch,
knabbert das Kaninchen
die Rinde
von jungen Bäumen ab.

Manchmal lassen wir Feldhasen
uns sogar einschneien.
Im Winter gibt es für uns
oft nur Baumrinde zu fressen.

Kaninchen als Haustiere

Kaninchen sind tolle Haustiere.
Aber sie müssen immer
rennen und buddeln können.
Am besten im Garten
in einem großen,
sicheren Gehege.

Auch Zwergkaninchen
in der Wohnung
brauchen viel Platz.
Kaninchen sind gesellig.
Allein sollten sie
nicht bleiben.

Eine Kaninchengeschichte

Ellis Zwergkaninchen

Elli bekommt
zu ihrem Geburtstag
ein Zwergkaninchen.
„Wie klein es ist", sagt Elli.
„Zum Glück wird es auch
nicht viel größer werden",
antwortet Mama.

Doch das Kaninchen
wächst wie verrückt.

„Oje", seufzt Papa bald darauf.
„Von wegen Zwergkaninchen.
Es ist ja schon fast so groß
wie ein Huhn!"
Denn Ellis Zwergkaninchen ist
eigentlich ein Feldhase.

Papa baut
ein großes Gehege.
Aber der Hase buddelt sich
zum Garten des Nachbarn durch.
Dort frisst er
Karotten und alle Salatköpfe.
Der Nachbar ist stocksauer.
Und eines Tages
gräbt sich der Hase
einen Weg ins Freie.

Elli ist sehr traurig.

Mama und Papa trösten sie:

„Ein Feldhase braucht
seine Freiheit."

Zum nächsten Geburtstag
bekommt Elli
eine kleine Katze.

Die sitzt am liebsten
auf ihrem Schoß und schnurrt.

Weißt du die Antworten?

Wo leben Kaninchen?

Seite 10

Wer lebt in einer Sippe?

Seite 14

Wie viel Futter
braucht der Hase am Tag?

Seite 17

Wo bringt der Hase
seine Jungen zur Welt?

Seite 23

Welche Gefahren gibt es
für Hasen und Kaninchen?

Seite 28
und 29

Friederun Reichenstetter

studierte Sprachen in München, Straßburg und London.
Danach arbeitete sie für verschiedene internationale
Organisationen im In- und Ausland. Seit vielen Jahren ist
sie freiberufliche Autorin und schreibt Kinder- und
Jugendbücher. Sie lebt mit ihrem Mann in München.

Hans-Günther Döring

hat nach einer Ausbildung zum Schauwerbegestalter
Kommunikationsdesign und Illustration in Hamburg studiert.
Die Natur liegt ihm besonders am Herzen. Wenn er nicht
am Zeichentisch sitzt, unternimmt er gerne ausgedehnte
Wanderungen zu Fuß, mit dem Fahrrad oder dem
Paddelboot – wobei sein Hund Oskar ihn gerne und oft
begleitet. Hans-Günther Döring lebt mit seiner Familie in
einem kleinen Ort bei Hamburg.

Sachwissen Natur

Jeder Band:
Ab 6 Jahren
Sachwissen Natur
Durchgehend farbig
illustriert
40 Seiten • Gebunden
Format 15,9 x 21,1 cm

So leben die Tiere
Der Igel
978-3-401-70948-2

So leben die Tiere
Der Fuchs
978-3-401-70949-9

So leben die Tiere
Die Honigbiene
978-3-401-71181-2

Mit Bücherbärfigur
am Lesebändchen

Sehr einfache Textgliederung

Viele farbige Bilder

Große Fibelschrift
und kurze Zeilen

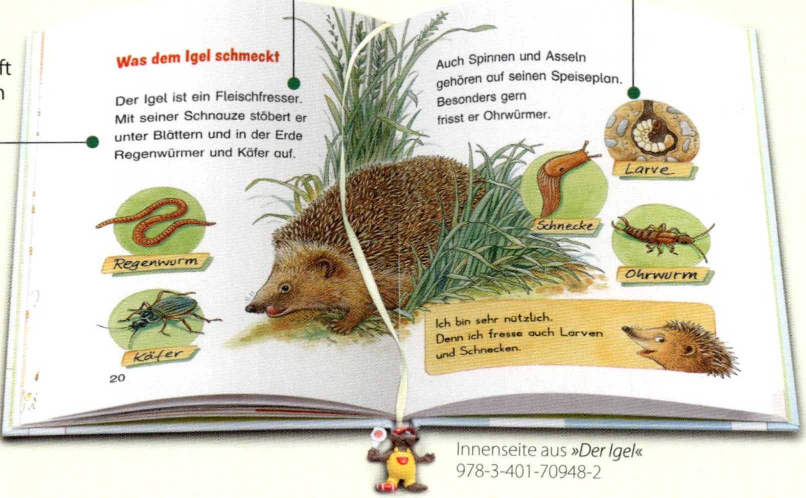

Was dem Igel schmeckt

Der Igel ist ein Fleischfresser.
Mit seiner Schnauze stöbert er
unter Blättern und in der Erde
Regenwürmer und Käfer auf.

Auch Spinnen und Asseln
gehören auf seinen Speiseplan.
Besonders gern
frisst er Ohrwürmer.

Larve

Schnecke

Ohrwurm

Regenwurm

Ich bin sehr nützlich.
Denn ich fresse auch Larven
und Schnecken.

Käfer

20

Innenseite aus »Der Igel«
978-3-401-70948-2

Die Erstleserreihe Sachwissen Natur vermittelt mit einfachen Texten spannendes
Wissen über die heimischen Tiere und ihre Lebensräume: Wie leben die Tiere? Und
welchen Gefahren müssen sie sich stellen? Wie verhalte ich mich, wenn ich ihnen
begegne? Besonders liebevolle und naturgetreue Illustrationen lassen den Leser
eintauchen in die faszinierende Lebenswelt der Tiere.

In Zusammenarbeit r
westermann

Lustige Tiergeschichten
978-3-401-71185-0

Spannende Pferde-geschichten
978-3-401-70847-8

Zauberfeengeschichten
978-3-401-70087-8

Spannende Drachen-geschichten
978-3-401-71368-7

Jeder Band: Ab 6/7 Jahren • *Kleine Geschichten* • Durchgehend farbig illustriert
48 Seiten • Gebunden • Format 15,9 x 21,1 cm

Mit Bücherbärfigur am Lesebändchen und Fragen zum Leseverständnis

Zeilentrennung nach Sinneinheiten

Sehr einfache Textgliederung für das erste Lesejahr

Große Fibelschrift

Kokosnuss-Musik

Mara ist ein kleiner Raptor.
Am liebsten springt sie
auf den Geröll-Halden
des Vulkans herum.
Und am allerliebsten
hüpft sie dabei
auf einem Bein
und singt.

Mit ihren starken Beinen
flitzt sie
über die Lava-Brocken.
Bald ist sie in einem dichten
Schachtelhalm-Wald gelandet.
Im Wald ist es kühl und grün.
Sie sieht dort
riesige Libellen,
die komisch
herumschwirren.
Mara fragt die Libellen:
„Was macht ihr da?"

Hoher Illustrationsanteil

Innenseite aus »Lustige Dinogeschichten«
ISBN 978-3-401-70563-7

Die kurzen Geschichten rund um ein beliebtes Thema sind besonders gut zum allerersten Selberlesen geeignet. Durch die klare Textgliederung und die vielen farbigen Illustrationen ist das Lesen ganz leicht.

In Zusammenarbeit mit
westermann

Eine Geschichte für Erstleser

Mira, Oskar und die Buchstaben-Magie
978-3-401-71032-7

Ein Fall für die Geisterjäger – Monsteralarm!
978-3-401-71186-7

Detektivbüro Eulenauge – Willi Watsons erster Fall
978-3-401-70917-8

Milla im magischen Garten
978-3-401-70425-8

Jeder Band: Ab 6 Jahren • **Eine Geschichte für Erstleser** • Durchgehend farbig illustriert
56 Seiten • Gebunden • Format 15,9 x 21,1 cm

Mit Bücherbärfigur am Lesebändchen

Eine kleine Geschichte in kurzen Kapiteln für das erste Lesejahr

Klare Textgliederun

Große Fibelschrift

Eine ideale Wärmflasche

„Ist Kurt nicht erst heute Nacht von seiner großen Reise zurückgekommen?", fragt Ida.
„Da hat er bestimmt keine Lust auf Überraschungs-Besuch."
„Aber SuKo Plüsch geht vor!", hält Lou dagegen.
„Wo war Kurt überhaupt?"

„Irgendwo in Afrika", erklärt Willi.
„Er hat seinen Freund besucht, Silver, den Berggorilla. Und er bringt von dort immer ein paar schöne Dinge mit für seinen Krimskrams-Laden."

38

39

Innenseite aus »Detektivbüro Eulenauge«
978-3-401-70917-8

Für geübte Leseanfänger ist eine längere durchgehende Geschichte genau das Richtige! Mit der großen Schrift, den kleinen Kapiteln und den vielen farbigen Bildern macht das erste Lesen viel Spaß.

In Zusammenarbeit m
westermann